AF312323

PAR LA TAILLE

DU MÊME AUTEUR :

Les *Minutes de Sable Mémorial*.   .   Epuisé.
César-Antechrist .   .   .   .   .   Epuisé.
Ubu Roi, avec musique de Claude
   Terrasse .   .   .   .   .   .   1 vol.
Petit Almanach du Père Ubu .   .   1 broc.
Almanach du Père Ubu pour le
   XXᵉ Siècle .   .   .   .   .   .   1 broc.
Perhinderion, revue d'estampes   .   Epuisé.
Les *Jours et les Nuits*, roman .   .   1 vol.
Gestes et *Opinions du Dʳ Faustroll*,
   pataphysicien .   .   .   . Hors commerce.
L'Amour Absolu, roman .   .   .   . Epuisé.
L'Amour en Visites .   .   .   .   1 vol.
Ubu Enchaîné, précédé d'*Ubu Roi*.   1 vol.
Messaline, roman de l'ancienne
   Rome .   .   .   .   1 vol.
Le Surmâle, roman moderne .   .   1 vol.
Théâtre Mirlitonesque .   .   .   . 6 vol.

POUR PARAITRE PROCHAINEMENT :

La Dragonne, roman.
La Papesse Jeanne, roman médiéval, traduit
   du grec d'Emmanuel Rhoïdès en collabo-
   ration avec le Dʳ Jean Saltas.

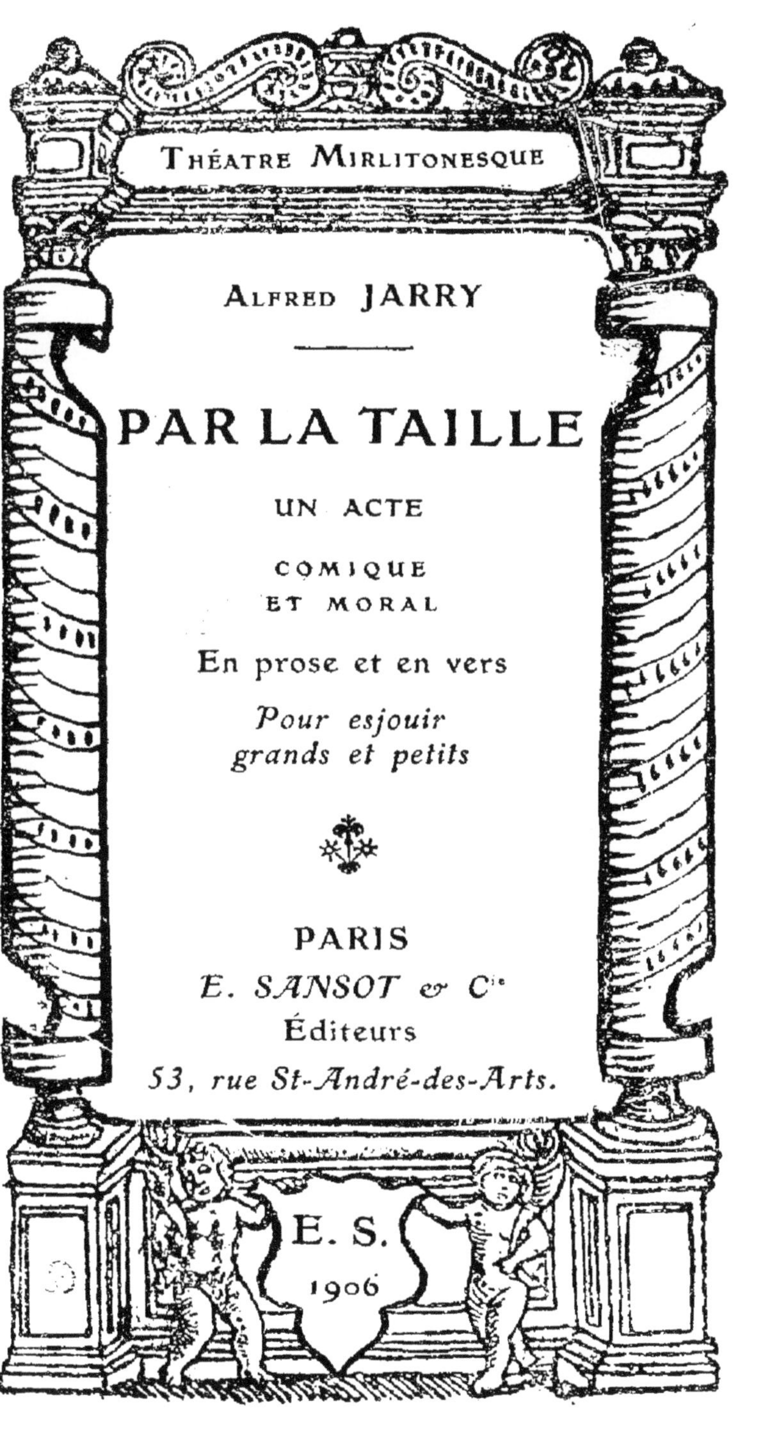

Alfred JARRY

PAR LA TAILLE

UN ACTE

COMIQUE
ET MORAL

En prose et en vers

*Pour esjouir
grands et petits*

PARIS

E. SANSOT & Cⁱᵉ
Éditeurs

53, rue St-André-des-Arts.

E. S.
1906

PERSONNAGES :

LE BOSSU.
LE GÉANT.
L'HOMME ORDINAIRE.
LA JEUNE FILLE.

*(Le théâtre représente une place publique.
Au milieu une borne monumentale surmontée
d'un double bec de gaz non allumé. Au fond,
la fenêtre de la* JEUNE FILLE.*)*

PAR LA TAILLE

———

SCÈNE I

On entend sonner une petite pendule.
Entre, venant de gauche, le Bossu.

LE BOSSU

La petite pendule
A sonné jusqu'au fond de mon ouïe incré-
[dule
Cinq heures, cinq heures du soir ;
Je vais arriver à mon ministère
Retardataire,
O désespoir !
Le ministère des affaires
Étrangères

Sait choisir pour ses employés
Des figures originales,
Vous voyez !
Pauvres hères qui grossoyez,
Dont les besognes machinales
Sont de compulser des annales,
Il importe que vous soyez,
Pour n'engendrer... morotonie,
De parfaits hommes de génie,
Sachant dérider le public
Par vos physiques sympathiques.
Et ceux qui n'ont aucun tic
Elaborent des suppliques
Afin de briguer,
Pour se distinguer,
Les palmes académiques.

En même temps le Géant, à la cantonade, et qui restera d'abord invisible au Bossu et ne le verra pas luimême, de l'autre côté de la borne, chante :

SCÈNE II

Le BOSSU, puis LE GÉANT

Le Géant, *à la cantonade,*
le Bossu

DUO

Il importe que vous soyez,
Pour n'engendrer... monotonie,
De parfaits hommes de génie,
Vous voyez!

Le Géant

Nos tailles de géant font rougir les girafes
Au ministère des postes et télégraphes!

*Il entre par la droite, en gesticu-
lant, sur ce mot.*

La pendule sonne un coup.

Cinq heures et quart!
La petite pendule

A sonné jusqu'au fond de mon ouïe incré-
                                    [dule
    Cinq heures, cinq heures et quart !
    Je vais arriver en retard !

*Continuant son duo avec le Bossu,
toujours invisibles l'un à l'autre.*

Le Géant, le Bossu

    ... Et ceux qui n'ont aucun tic
    Que d'écrire des suppliques,
    Les palmes académiques
    Qu'ils ne cessent de briguer,
    Sont là pour les distinguer !

Le Géant, *regardant avec stupéfac-
tion du côté de la voix du Bossu et
n'apercevant que la borne.*

    Cette borne exprime
    Ma pensée intime !

Le Bossu, *regardant de même du côté
du Géant et n'apercevant, lui aussi,
que la borne.*

Cette borne exprime
Ma pensée intime !

ENSEMBLE

C'est un écho qui chante par ici.

LE BOSSU

Les murs ont des oreilles !
Et les bornes aussi,
A des femmes pareilles,
Ravivent mon souci.
Ah ! pourquoi cette voix n'a-t-elle dit : Je
[t'aime !

LE GÉANT

L'écho m'a dit : Je t'aime ! et la femme
[anathème !
Je déborde d'amour... elles ne m'aiment
[pas !

LE BOSSU, *terrifié et désespéré.*

Le bec de gaz a dit : « Elles ne m'aiment
[pas ! »

Ah ! n'effeuillez jamais, comme une mar-
[guerite,
Un bec de gaz éteint : il prédit le trépas.

Parlé.

Elles ne m'aiment pas, c'est vrai ;
mais elles me touchent par derrière
pour que je leur porte veine.

Chanté.

Mesdames, voici la pierre de touche
De l'amour et du bon mari.
Votre main, votre bouche sur ma bouche,
Sur ma boche, sur ma bosse, sur ma bouche,
Chameau, chameau, mon petit chameau,
Dromadaire adoré, sur ton dos
Tu rapportes la veine aux courses.
Minet, chéri, fais le gros dos.
Enfle et dispense à toutes la pierre de
[touche.
Inquiètes d'amour, sphinx, énigmes, clefs
[perdues,
Voir au dos !

Peines d'amour, espoirs trompés, maris
[déçus,
Voici le baume et la bosse et la bouche.
Voir au dos !

LE GÉANT, *tournant autour de la borne
en même temps que le Bossu. Ils ne
s'aperçoivent jamais. Parlé.*

Voir au dos, voir au dos... voir
quoi ? Je ne vois rien. En bas ? En
haut ? En haut ? Elles ne m'aiment
pas ! En haut ! j'ai compris.

Au bec de gaz, chanté.

Flambeau mort qui n'es plus que cen-
[dre,
A ton bras de fer je vais pendre
Mon cœur trop tendre.

*Il se pend avec grand soin au réver-
bère de gauche, à l'aide de ses bretelles.
Sa tête domine le réverbère.*

Peines d'amour, peine de mort,
Martyre !
Ma langue que ma bouche mord
Se tire
Plus bas que mes genoux tremblants.
Je roule et je clos mes yeux blancs
Si vagues...

Criant à tue-tête :

Mon gosier ne rend aucun son !
— N'ayez pas peur, messieurs, ce sont
Des blagues.
A cet élastique gibet
Je suis pendu par mes bretelles.
Sauf si mon pantalon tombait,
Mes transes ne sont pas mortelles !
C'est moi qui, du sépulcre ouvert,
Ricane,
Et cette potence me sert
De canne.

Philosophiquement :

Je mourrai bien pourtant un jour :
D'abord se pendre,

Ensuite... attendre.
Peines de mort, peine d'amour!

LE BOSSU

Parlé.

Mais ça ne peut pas durer comme
ça; ça n'est pas une vie de jouer à
cache-cache avec l'amour, et qu'on
vous le fourre toujours derrière
le dos.

Chanté.

C'est trop souffrir, enfin! montons à la
[potence
Pour sauter de plus haut à bas de l'exis-
[tence!

Parlé.

Hélas! je m'aperçois pour la pre-
mière fois que je ne suis pas tout à
fait assez grand pour un geste théâ-

tral. Que c'est haut! Il me semble que j'ai un poids sur les épaules!

S'efforçant de grimper sur la borne, vers le bec de gaz de droite. Chanté.

> Je glisse, bien sot,
> Du mât de cocagne...

Attachant un pavé à sa cravate et se disposant à se lancer vers le réverbère.

> A moi la montagne
> Avec ce lasso!

Cependant le Géant, pour tuer le temps, a tripoté le robinet du bec de gaz éteint et se bouche le nez.

Le Géant, *mirlitonesquement.*

> Il y a une fuite!
> Cette conduite
> Est mal construite.

Allumant un cigare.

Fumons, fumons, fumons, fumons avec ar-
[deur,

Fumons pour chasser l'odeur.
Ce robinet n'était pas solide, sans doute :
Il n'a su résister à mon débile effort.
Mais il n'est rien que je redoute
Comme la mort
Par asphyxie : ell' me dégoûte!

Il allume par mégarde le bec de gaz de droite (côté du Bossu). La scène s'éclaire. Il aperçoit le manège du Bossu. Musique.

SCENE III

LES MÊMES

Le Géant

Dans la pâle clarté que ma main vient d'é-
[pandre,
Quel est ce nouveau-né ?

Le Bossu

Monsieur, je veux me pendre,
S'il vous plaît.

Le Géant

Mais il y a quelqu'un, la place est occupée,
Gringalet !
Et pourquoi cette équipée?

Le Bossu

Peines d'amour !

Le Géant

Je sais !
Confrère, cela me décide,
Je partage avec vous mon sort.

Il étend le bras et l'empoigne.

Le Bossu, *se débattant.*

Mais si vous me donnez la mort,
Ça ne sera plus un suicide !

Le Géant

Un petit moment à passer, pour votre bien.

*Le Bossu se dégage et grimpe après le
Géant. Il se dispose à se pendre à
l'autre bout des bretelles.*

Le Géant

A bas vos griffes maudites !
Ça n'est plus un suicide, alors, comme vous
⌊dites !

Le Bossu

Mais c'est indispensable au mien !

Les bretelles du Géant s'allongent et les balancent, puis cassent. Ils tombent tous deux. Lutte grotesque.

SCÈNE IV

LES MÊMES,
pendant la lutte LA JEUNE FILLE
à la cantonade, puis à sa fenêtre.

LA JEUNE FILLE *vocalise.*

A a a a a.....
Ah! qu'il est beau celui que j'aime,
L'œil fier, l'air imposant d'un roi !

LE BOSSU, *lâchant son adversaire.*

On parle de moi !

LA JEUNE FILLE

Et je ne sais quel tendre émoi
Plus mâle en sa douceur extrême...

LE GÉANT

On parle de moi !

La Jeune Fille

De sous sa moustache guerrière
L'éclat de sa voix dit : « Arrière ! »

Le Bossu, *de son fausset le plus grêle.*

On parle de moi !

La Jeune Fille

Mais sa main, gage de sa foi,
A peine en sa blancheur tient ma main
[d'ouvrière...

Le Géant, *développant ses battoirs.*

On parle de moi !

La Jeune Fille

L'œil imposant et cependant si doux,
Ah ! qu'il est beau, que je l'aime...
Bruit de fenêtre que l'on ferme.

Le Bossu et le Géant

On parle de nous !
Mais on devrait parler de moi tout seul !
[J'exige

Qu'il ne soit plus parlé que de mon seul
[prestige.
Avant vous, monsieur, dis-je,
Avant vous !

Le Bossu

Retourne te pendre, eh! grand désossé !

Le Géant

Après vous ! pour ça, je suis moins
[pressé.
Me préserve le ciel que je ne vous retarde.
Après vous !

Poursuite. Le Géant essaie d'attraper le Bossu pour le rependre.

Le Bossu

Je suis armé. Prenez garde !

Le Géant recule épouvanté.

Le Bossu *sort un basson, le braque sur le Géant et prélude.*

Par ma force, par ma taille *(se dressant)* et
[mon bras vainqueur,

Je te protège, jeune fille.

Basson.

Ma gloire conquérante et tutélaire brille
Au-dessus de tes yeux, de tes seins, de ton
[cœur !

Basson.

Le Géant *a sorti une flûte.*

Prélude de flûte.

A tes petits pieds, beauté brune,
Au crépuscule
Et sous la lune,
File la faiblesse d'Hercule.
Par ma douceur, par ma taille *(se courbant)*
[et ma déférence

Flûte.

Ma servitude et ma souffrance,
Je m'affale,
Omphale,
A tes tout petits pieds que lave
Une larme de ton esclave.

Flûte.

Le Bossu

Par ta taille de nymphe, ô petite ! mon bras
　　T'emporte à travers l'Univers.
　　Tous les trésors te sont ouverts.
　　　　Tu verras !

Le Géant

Par ta taille de Cybèle,
Je m'enlace, arbrisseau frêle,
　　A tes flancs, ma belle,
Plus chers à mes yeux que le monde,
J'embrasse, reine, tes genoux.

Le Bossu

Inflexible aux pleurs de tes yeux si doux,
Je suis ton maître, ô femme blooonde !
　Basson.

Le Géant

A tes pieds, ton tout petit pied suave,
Que mon amour avec ses larmes lave,
　File, file ton esclave.
　Flûte.

SCÈNE V

LES MÊMES, puis LA JEUNE FILLE

La flûte et le basson continuent un instant, accompagnant la Jeune Fille, à la cantonade.

La Jeune Fille

Celui que j'aime est beau.

Le Bossu et le Géant

C'est moi, moi, c'est bien moi!

La Jeune Fille

Celui que j'aime est brave, au loin répand
[l'effroi.
Celui que j'aime est militaire!

Tambour prolongeant l'R. Grande ritournelle.

Le Bossu et le Géant

C'est moi, moi, c'est bien moi !

Le Géant

Employé de ministère,
Je fus, avant, militaire,
A la fin de mon congé,
Sous-officier rengagé !

Le Bossu

Tout le sort de la bataille
A reposé naguère sur ma taille :
Sac au dos, j'ai prêté mon bras viril
Au service subtil
Et même auxiliaire
Du riz, du sel et du pain de la guerre !!!

Le Géant

Galonné d'or
Je me pavane,
Et je fais tournoyer ma canne,
Car c'est moi le Tambour-Major !

*Ils marchent tous deux martialement
côte à côte ; le Géant lance en l'air sa
petite flûte, le Bossu met son contre-
basson sur l'épaule. Le Géant finit par
arracher et faire tourbillonner le bec
de gaz.*

SCÈNE VI

LES MÊMES, LA JEUNE FILLE

La Jeune Fille, *à la cantonade.*

Opéra-comiquement.

> De ta voix sonore
> Mon cœur est charmé ;
> J'accours, je t'adore,
> O mon bien-aimé !

Entrant et allant d'abord au Géant.

Mais... ce n'est pas lui que je rêve...

Le Bossu, *empressé.*

Ce n'est pas lui ! C'est donc ? Achève !

La Jeune Fille

Non ! ou plutôt ce n'est pas eux,
Puisqu'ils sont deux,

Ni l'un ni l'autre de ces deux
Galvaudeux !

Musique.

Le Géant

Ce dédain me stupéfie.

Le Géant et le Bossu

Ce dédain me stupéfie.

Le Bossu, *très vite.*

Je comprends que vous fassiez fi,
Madame, de ce grand bouffi,
Oui! mais de moi? Je mets votre amour au
[défi
De trouver quelqu'un qui, hors moi, le
[justifie.

La Jeune Fille

Il en est un.

Le Géant et le Bossu

Montrez !

La Jeune Fille

Il est absent, je n'ai pas sa photographie
Pour vous révéler ses traits adorés.
Mais regardez : voici qui la remplace !

Elle déroule un papier.

Le Bossu

Quoi ! cette paperasse ?

Le Géant, *flageolant.*

Je frémis !

La Jeune Fille

Voici son permis
De chasse !

Tournant et dansant autour du Géant.

Voici, mes amis,
Ce que j'ai promis...

Faisant pirouetter le Bossu autour d'elle.

Mes amis,
Le permis
D'à qui tout est permis...
Tout lui serait permis
Sans que je me fâchasse
Ni rien lui reprochasse
Ni ne m'effarouchasse...
Son permis
De chasse !

Après une ritournelle, elle lit :

« Menton rond,
Visage ovale. »

Le Bossu

Eh quoi ! C'est là cette beauté rivale
Devant qui nos charmes disparaîtront?

Le Géant

Eh quoi ! c'est là la passion suprème ?

La Jeune Fille

Je l'aime !

Lisant.

« Nez ordinaire. »

Le Bossu

Tout dégénère !

Le Géant

Piteux emblème !

La Jeune Fille

Je l'aime !

Lisant.

« Bouche ordinaire. »
— Je l'aime !
« Taille ordinaire »...

Le Géant et le Bossu

Pouffant de rire et devenant très entreprenants.

Par la taille nous différons
De ces mentons ronds.
Nous nous emparons,

Par la taille, des tendrons
Sans préliminaire,
Nous nous emparons
Quand même !

Le Bossu

Madame, il est un peu vague, le cavalier.

La Jeune Fille

Les écartant d'un geste et de ces mots :

« Signe particulier » !

Très longue ritournelle.

« Signe particulier » :
Je l'aime ! Je l'aime !
Celui que j'aime est un homme ordinaire !

Le Géant, *parlé.*

Coup de tonnerre !

SCÈNE VII

LES MÊMES, *la borne s'ouvre : paraît,
dans une gloire d'apothéose, l'homme ordinaire, en habit, constellé de décorations.*

LA JEUNE FILLE *se jette dans ses bras
et le tient enlacé ou plus exactement
le soutient, car il ressemble autant
que possible à un mannequin.*

LE BOSSU ET LE GÉANT, *se retirant
des deux côtés de la scène.*

> Par la taille nous différons ;
> Nous nous retirons.
> Par la taille, l'homme ordinaire,
> Tient celle qu'il aime
> Quand même !

La Jeune Fille, *emportant l'Homme Ordinaire au fond, dans l'apothéose.*

Je l'aime !

SCÈNE VIII

LE BOSSU, LE GÉANT

(La scène reste obscure. On entend sonner la petite pendule.)

LE BOSSU ET LE GÉANT s'en allant chacun de leur côté (opposé à celui par où ils sont entrés), la voix se perd dans l'éloignement.

La petite pendule
A sonné jusqu'au fond de mon ouïe incré-
[dule
Six heures, six heures du soir !
Je vais arriver à mon ministère
Retardataire.
O désespoir !

La pendule achève de sonner.

FIN

5 *Décembre* 1898.

IMPRIMÉ

sur les presses de Noël Texier et Fils

A LA ROCHELLE